Tiempo para Dios

Meditaciones para el tiempo de Cuaresma

P. J. Eduardo González

Imprimi Potest:
Stephen T. Rehrauer, CSsR, Provincial
Provincia de Denver, Los Redentoristas

Publicado por Libros Liguori Liguori,
Missouri 63057

Pedidos al 800-325-9521
www.librosliguori.org

Copyright © 2015 Libros Liguori

Derechos reservados. Ninguna parte de esta publicación se puede reproducir, almacenar en ningún sistema ni transmitir por ningún medio—electrónico, mecánico, fotocopia, grabación ni ningún otro—sin el permiso previo por escrito de Libros Liguori.
Los textos de la Escritura que aparecen en este libro han sido tomados de la Biblia de Jerusalén versión latinoamericana © 2007, Editorial Desclée de Brower. Usada con permiso. Todos los derechos reservados.

pISBN 978-0-7648-2388-6
eISBN 978-0-7648-6992-1

Libros Liguori, una corporación sin fines de lucro, es un apostolado de los Padres y Hermanos Redentoristas. Para m ás información, visite Redemptorists.com.

Impreso en Estados Unidos de América
17 16 15 14 13 / 5 4 3 2 1

Primera edición

Contenido

Introducción • 4

CUARESMA 5

Miércoles de Ceniza • 7
Tiempo después del Miércoles de Ceniza • 9
Primera semana de Cuaresma • 15
Segunda semana de Cuaresma • 33
Tercera semana de Cuaresma • 51
Cuarta semana de Cuaresma • 69
Quinta semana de Cuaresma • 87

SEMANA SANTA 105

Biografía • 123

Introducción

Nuestro amanecer como humanidad, está maravillosamente descrito en el libro del Génesis. Un Dios-creador que cuida con esmero y ternura cada detalle como lo haría un jardinero. Los seres humanos formamos parte de ese cuadro fascinante. Sin embargo, seguimos anhelando aquello que aún no tenemos. Siempre hay un "pero" en la historia humana que rompe con el escenario dispuesto por Dios. Algo pasa con nosotros que equivocamos el enfoque. Seguimos distrayéndonos más con lo que hay afuera, que con la riqueza infinita que Dios puso en el interior de cada uno de nosotros. Este tiempo providencial de Cuaresma es una invitación para despertar y para atrevernos a poner nuestros pies en un espacio de desierto; para descubrir todos nuestros apegos que transformaron nuestra existencia en una colección de prisas y de eventos ruidosos y vacíos; y para despertar el hambre de lo que realmente alimenta, sana, entusiasma. Estas páginas son una invitación para recuperar la nostalgia de nuestro auténtico origen y entretejer nuestra voluntad con la voluntad sorprendente de Dios. Este libro representa una invitación a dejar que Dios haga de nuestros amaneceres y ocasos; de nuestras "muertes" y "resurrecciones" cotidianas… un tiempo para nosotros… un tiempo para Dios.

Cuaresma

Miércoles de Ceniza

Jl 2:12-18
Sal 50
2 Cor 5:20-6:1-2
Mt 6:1-6.16-18

"Lávame a fondo de mi culpa, purifícame de mi pecado."

SAL 51:4

Reflexión: Al inicio de la creación, Dios hizo todo bueno a la vista y sabroso para comer. Nuestro origen como creaturas tiene el sello de la perfección de Dios. Y para mantener viva esta huella divina, tenemos que ser siempre conscientes de lo que sí somos. Somos parte de esta armonía que mantiene una relación vital con Dios, con el universo, con nosotros mismos, con las demás criaturas vivientes y solo podremos mantener esas relaciones si tenemos claro quiénes somos. También hemos experimentado en nuestra piel las seducciones del mundo consumista en el que vivimos, las cuales tratan, sin cansancio, de vendernos identidades de fantasía al punto de deteriorar nuestro verdadero yo, remplazado por una imagen artificial. Ese es nuestro delito: perder nuestro verdadero rostro y coquetear con dioses falsos, contaminando nuestras relaciones con el resto de la creación. Es urgente que la piel de nuestra alma vuelva a la frescura del principio y que nos purifiquemos de lo que se nos pegó y ensució el corazón. La ceniza en nuestra frente es para mantener fresca la memoria, para que no se nos olvide quiénes somos: hijos de Dios que pecaron y que han sido redimidos por su Hijo.

Propósito: Haré una lista de aquellas cosas que tengo que arrancar de mi vida y las echaré al "fuego" para facilitar la purificación y el rescate de mi identidad original. Entonces tendrá sentido recibir la ceniza en mi frente.

Oración: Señor, qué pesada ha sido la vida con tantas fruslerías y mercancía de poco valor para mejorar mi imagen. Permíteme despojarme de mi viejo yo y disfrutar ahora y siempre del agua fresca de tu misericordia.

Pregúntate: ¿Tiene sentido formarse para recibir la ceniza y dejar que nuestra vida siga igual?

Tiempo después del Miércoles de Ceniza

JUEVES

Dt 30:15-20
Sal 1
Lc 9:22-25

"Decía a todos: 'SI alguno quiere venir detrás de mí, niéguese a sí mismo, tome su cruz cada día, y sígame."

Lc 9:23

Reflexión: Para buscarse a sí mismo probablemente se requiere una silla y un espejo y de esa forma podremos instalarnos y seguir jugando a las apariencias. Acompañar al Maestro significa estar en camino con el hambre de quien busca. El punto de referencia también está en camino: Jesús; y el único material que se necesita es tomar la cruz de cada día. Parece que la única forma de entender a Jesús y así poder ser sus amigos es dejar los viejos apegos, las respuestas preconcebidas y las trilladas formas de pensar de la mayoría. Así tendremos los hombros libres de cargas inútiles y daremos espacio a lo que tiene sentido, al placer de lo extraordinario, al dolor que abre paso a la vida, a la cruz de Jesús y mía, la cual parece renovarse cada día. Esta cruz es el único y mejor equipaje para esta sorprendente jornada tras las huellas del Maestro.

Propósito: El día de hoy dejaré de considerar mis asuntos como propios e iniciaré mi jornada preguntándole a Jesús si lo que voy a hacer durante el día tiene sentido o si mejor sigo jugando a la sobrevivencia

Oración: Señor, qué cansancio tan vacío, qué estrés tan tirano. Cómo quisiera sentir tu mano sobre mis hombros para que me ayudes a arrancar tantas cosas de las que no he querido desprenderme porque tengo miedo a quedarme desprotegido. Qué ganas de asomarme al espejo y descubrir tu rostro en vez del mío. Amén.

Pregúntate: ¿Será que la cruz que Jesús quiere cargar conmigo es más pesada que todos los lastres que vengo arrastrando durante tantos años?

VIERNES

Is 58:1-9
Sal 50
Mt 9:14-15

"¿No será este el ayuno que yo elija?: deshacer los nudos de la maldad, soltar las coyundas del yugo, dejar libres a los maltratados y arrancar todo yugo. ¿No será partir al hambriento tu pan, y a los pobres sin hogar recibir en casa?."

Is 58:6-7

Reflexión: Desde la época del profeta Isaías, el pueblo de Israel ya tenía claro el verdadero sentido del ayuno y la penitencia. Es evidente que nuestra relación con Dios no consiste en un conjunto de obras piadosas. Parece que tenemos que ayunar igualmente de costumbres religiosas que han nacido solo de la repetición sin sentido. Para que brille la caridad de Dios en cada uno de nosotros, tenemos que buscarla en nuestro corazón y liberarla de una interminable colección de hábitos egoístas revestidos con ropaje religioso. Nuestro ayuno nos podrá condenar si nuestro hermano o hermana de al lado aún no ha conseguido qué comer, si los desamparados aún tienen que mendigar un rincón para poder pasar la noche, si nuestro corazón sigue envenenado por el rencor y el resentimiento, si sigo creyendo que yo tengo la razón aun a costa de lastimar la relación con las personas que me rodean. Habrá que purificar nuestra caridad con el verdadero ayuno que permita brillar, como la aurora, la verdadera gloria de Dios.

Propósito: Antes de practicar el ayuno del alimento físico, procuraré hacer a un lado mi rencor y trataré de tener una mejor relación con aquella persona de la que me he distanciado más en casa.

Oración: Señor, que pueda abrir mi corazón y mi entendimiento para dejar que la caridad ilumine mi relación con quienes me rodean. Que tenga valor para desprenderme de todo lo que no me lleve a ti; que tenga valor para ayunar. Amén.

Pregúntate: ¿Mis prácticas cuaresmales están orientadas a vivir la caridad con los demás o simplemente estoy pendiente de cumplir las prácticas de piedad?

SÁBADO

Is 58:9-14
Sal 85
Lc 5:27-32

"Después de esto, salió y vio a un publicano llamado Leví, sentado en el despacho de impuestos, y le dijo: 'Sígueme'. El, dejándolo todo, se levantó y lo siguió."

Lc 5:27-28

Reflexión: Jesús está lejos de los "juegos de la culpa", especialmente con aquellos que se hacen responsables de sus limitaciones. Es el caso fascinante de Leví, esto es, de Mateo, Jesús lo encuentra literalmente en el lugar donde él acostumbraba sobornar y aprovecharse de los demás, especialmente de los más indefensos. Me da la impresión de que Jesús "lo hace morir a su pasado y lo resucita" con una sola mirada acompañada de una voz que transmite el poder de la misericordia. Jesús no necesitó más que la bondad de su persona, para hacer que un pecador como Mateo, se dejara abrazar por la mirada del Maestro. Mateo se levanta –cambia de postura– , lo deja todo literalmente y se pone en camino con Jesús. Mateo es otro, un recién nacido al Reino de Dios: no son los sanos los que necesitan al médico.

Propósito: Aprovecharé todas las oportunidades que se me presenten para tener una mejor relación con los que están cerca de mí. Hoy cambiaré mis sentencias de juez por una palabra de aliento y de ayuda para con aquellos que se hayan equivocado.

Oración: Señor, qué difícil es darse cuenta que jugar al juez me hace daño. Te suplico me permitas experimentar la calidez de tu mirada sobre mi barro para levantarme de mi comodidad y de mi sinsentido, para seguirte con el aire fresco de la libertad, fruto de tu misericordia.

Pregúntate: ¿Qué gano con seguir señalando con el dedo a quien se equivoca? ¿No es mejor tender la mano para ayudar y no erguirse como juez para condenar?

Primera semana de Cuaresma

DOMINGO

CICLO A

Gn 2:7-9; 3:1-7
Sal 50
Rom 5:12-19
Mt 4:1-11

"Entonces Yahvé Dios formó al hombre con polvo del suelo, e insufló en sus narices aliento de vida, y resultó el hombre un ser viviente."

GN. 2:7-9

Reflexión: El amor de Dios por el ser humano es expresado de una manera artística, porque es difícil entender esta realidad de otra manera. Con un poco de imaginación nos podemos imaginar con qué ternura e ilusión Dios, mientras nos acaricia con su mano creadora, nos va dando forma hasta hacer de cada uno de nosotros una pieza maestra. Cada rincón de nuestro organismo nos habla de la grandeza y sabiduría de Dios: nuestros tejidos, el funcionamiento de nuestros órganos, nuestra anatomía, etc. Y para culminar esta expresión de su amor, nos hace a su imagen y semejanza; se sigue "tomando la molestia" de ocuparse de nosotros hasta el momento en que el "soplo que sale de Él mismo" nos permite empezar a vivir. Algo sucedió en nuestra historia que permitimos que esa maravillosa huella de Dios en nosotros se deteriorara. La Cuaresma nos ofrece otra oportunidad para recuperar lo que lastimosamente hemos perdido.

Propósito: Me daré unos minutos para sentir nostalgia por todo lo que Dios me ha dado y que yo he desperdiciado.

Oración: Señor, qué maravilla sentir tus manos acariciando mi barro y arrancando de mi nada tu misma imagen. Regálame un poco de nostalgia para iniciar mi camino de regreso a la maravilla del principio, es decir, estar y vivir entre tus manos.

Pregúntate: ¿Habrá valido la pena cambiar la imagen de Dios en mí por imágenes baratas que he comprado a esta sociedad de consumo?

DOMINGO

CICLO B

Gn 9:8-15
Sal 24
1 Pe 3:18-22
Mc 1:12-15

"A continuación el Espíritu le empuja al desierto, y permaneció en el desierto cuarenta días, siendo tentado por Satanás."

Mc 1:12-15

Reflexión: El desierto oculta en su austeridad una singular belleza. Nos obliga a despedirnos de lo superficial para rescatar la frescura de lo esencial. Para Jesús era importante esta experiencia del desierto y nos la deja como preciosa herencia. Lo que verdaderamente importa es lo que nos alivia. Lo superfluo es tan demandante que termina enfermándonos. Nos enfermamos de codicia, de poder, de hipocresía…, que son los distintos rostros de Satanás que nos tiraniza y nos agobia. El inicio del tiempo de Cuaresma es una fascinante oportunidad para disfrutar la belleza y el alivio del desierto.

Propósito: Me regalaré al menos diez minutos de silencio, cada día, durante esta Cuaresma.

Oración: Señor, qué cansado y desgastante es tratar de cumplir las expectativas de esta cultura centrada en lo que se compra y se vende. Ayúdame a descubrir el gozo de lo que realmente importa. No me dejes solo en mi desierto.

Pregúntate: En medio de la cultura donde reina lo electrónico y lo digital, ¿aún encuentro la belleza del silencio?

DOMINGO
CICLO C

Dt 26:4-10
Sal 90
Rom 10:8-13
Lc 4:1-13

"Y ahora yo traigo las primicias de los frutos de la tierra que tú, Yahvé, me has dado."

DT 26:10

Reflexión: La memoria del pueblo de Israel no puede olvidar cómo el Señor los liberó de la esclavitud de Egipto. Por ello, una hermosa expresión de su gratitud es la generosidad, con una clara conciencia de que Dios no solo merece el producto de nuestro esfuerzo, sino los primeros frutos. No podemos permitir que el egoísmo dañe nuestra memoria. En este tiempo de Cuaresma rescatemos el poder de nuestra generosidad para que el egoísmo no nos haga esclavos de nosotros mismos.

Propósito: Revisaré con generosidad mi responsabilidad de devolver al Señor al menos el 10% de mis ingresos.

Oración: Señor, que mi egoísmo no me lleve a seguir jugando a las limosnas. Que pueda imitar tu generosidad compartiendo lo mejor de mí mismo con mi familia y mi comunidad.

Pregúntate: ¿Sigo confundiendo la caridad con dar solo aquello que me sobra?

LUNES

Lv 19:1-2.11-18
Sal 18
Mt 25:31-46

"No odies en tu corazón a tu hermano, pero corrige a tu prójimo, para que no te cargues con un pecado por su causa."

Lv 19:17

Reflexión: La puerta de entrada en las relaciones humanas, según la Palabra de Dios, no es el juicio, es el amor. El odio no tiene espacio en los planes de Dios, ni tampoco en los programas de salud mental. Parece ser que la única forma de aprender a ver correctamente a la otra persona es amándola. Desde mi aprecio por el otro puedo detectar alguna falla, frente a la cual tengo que hacer algo. Obviamente, lo primero es asegurarme de que la única fuente de inspiración, para dar el primer paso, es hacer que el otro se sienta amado por mí. Corregir requiere autoridad moral y esta solo la tiene el que se acerca al otro con la fuerza curativa del amor. El resto lo tejerá la providencia de Dios con los hilos de mi honestidad y mi cariño.

Propósito: Lo primero que haré para poder corregir a las personas cercanas a mí, será asegurarme de que con mi actitud y ademanes ellas se sientan sobre todo amadas.

Oración: Señor de la verdad y del amor, ayúdame a corregir amando para no terminar estorbando y agrediendo. Que mi corrección fraterna sea tan solo una expresión genuina de mi amor. Amén.

Pregúntate: ¿Será cierto que cualquiera tiene autoridad moral para restregarle al otro en la cara sus defectos, aunque tenga razón?

MARTES

Is 55:10-11
Sal 33
Mt 6:7-15

"Y, al orar, no hablen mucho, como los gentiles, que se figuran que por su palabrería van a ser escuchados."

Mt 6:7

Reflexión: Inmersos en una cultura del ruido y de la palabra hablada, nos podemos confundir, pensando que la comunicación humana es un torrente de palabras que hay que imponer y que, mientras más volumen, más posibilidades hay de que nuestro mensaje se "incruste" en el entendimiento del otro. Obviamente la sordera física y mental será nuestro pan de cada día. El mismo modelo lo hemos transferido a la oración. Se nos escapa que los grandes santos en la tradición de nuestra Iglesia se han encontrado con Dios en el silencio, empezando con María y José, modelos de un silencio atento. Es en ese silencio donde descubren la desconcertante voluntad de Dios. El Padre sabe lo que nos hace falta. Cuánto bien podremos hacer a quienes nos rodean si somos capaces de una escucha atenta. Esa disponibilidad para escuchar le dará autoridad moral a nuestra palabra. Lo mismo sucede cuando nos dirigimos a Dios, Padre nuestro.

Propósito: Iniciaré mis experiencias de oración poniéndome conscientemente, en silencio, en la presencia de Dios.

Oración: Señor, al igual que los enamorados, concédeme descubrir tu presencia en medio de mi vida llena de ruido. Que tu silencio elocuente me hable de tu amor y que yo te responda también desde mi silencio. Amén.

Pregúntate: ¿Cómo podré comunicarme con Dios, si ni mi cabeza ni mi boca conocen el único silencio que me permitirá escuchar la voz de Dios y su proyecto sobre mí?

MIÉRCOLES

Jon 3:1-10
Sal 50
Lc 11:29-32

"Que hombres y bestias, ganado mayor y menor, no prueben bocado, ni pasten ni beban agua. Que hombres y animales se vistan con sacos e invoquen a Dios con insistencia; y que cada uno se convierta de su mala conducta y de sus acciones violentas."

JON 3:7

Reflexión: Nínive, un reino de paganos, se convierte con la predicación de Jonás. El incluir a los animales y abstenerse de alimento todos juntos nos recuerda que no somos islas y que nuestras acciones, buenas o malas, repercuten en todo el universo, de una forma u otra. Es muy importante, a lo largo de nuestra jornada, centrar nuestra atención en lo esencial y, a la vez, analizar lo que nos hemos llevado inconsciente o conscientemente a la boca, al cerebro y al corazón. Es tiempo de ayunar, de purificar o de reorientar nuestras costumbres. Limpiar nuestras mentes, nuestro cuerpo y nuestro corazón para entender el verdadero sentido de nuestra existencia. Debemos mirar a la creación y dar gloria con nuestra forma de vivir a quien la ha creado, esto es, al Señor, que todo lo hizo bueno y sigue tomando el riesgo de ponerlo en nuestras manos.

Propósito: Tomaré conciencia de cuáles son las cosas con que alimento mis ojos, mi mente y mi corazón.

Oración: Señor, ahora necesito detenerme y abstenerme por un momento de lo que normalmente ha estado alimentando mi interior. Es posible que haya tomado más de un bocado envenenado. Ilumíname para tener los recursos en mi corazón que me permitan reorientar mis costumbres y mis pasos hacia ti, que eres el camino verdadero. Amén.

Pregúntate: ¿Me doy cuenta de que mis viejos hábitos han complicado más mi existencia que si le hubiera hecho caso a Dios?

JUEVES

Est 14:1.3-5.12-14
Sal 137
Mt 7:7-12

"Señor y Dios nuestro, tú eres único. Ven en mi ayuda, que estoy sola y no tengo socorro sino en ti, y mi vida está en peligro."

EST 4:17 L

Reflexión: Frente a cualquier peligro, igual que Ester, nuestra vulnerabilidad nos lleva a tocar nuestra impotencia. Ester tiene conciencia de que el Dios, en quien tiene puesta su confianza, es un Dios que ha mostrado su presencia y su amor, interviniendo con su mano en la historia de su pueblo. La fe de Ester no está puesta en cualquier Dios y vaya que la tentación estaba ahí presente con tantas deidades de los poderosos países vecinos. Si en esta Cuaresma descubrimos que honestamente nuestra fe esta puesta en otros "dioses", estamos a tiempo para volvernos al único Dios, quien se ha mostrado bondadoso, presente y fiel. También nosotros nos tenemos que jugar la vida. La diferencia es que si Dios esta de nuestra parte, no habrá necesidad de que los miedos nos hagan volver la mirada del corazón hacia los dioses equivocados.

Propósito: En el próximo momento de oración, comenzaré poniéndome en la presencia de Dios y ahí, en sus manos, descansaré de mis miedos.

Oración: Señor, tú conoces mi barro y sabes cuántas veces me dejado llevar por mi angustia, recurriendo a cosas y personas equivocadas. Sana mi corazón para que jamás te vuelva la espalda, porque es a mí a quien termino traicionando. Amén.

Pregúntate: ¿En algún momento de mi vida, he confiado en alguien que no fuera Dios para que me aliviara de mis miedos?

VIERNES

Ez 18:21-28
Sal 129
Mt 5:20-26

"En cuanto al malvado, si se aparta de todos los pecados que ha cometido, observa todos mis preceptos y practica el derecho y la justicia, vivirá sin duda, no morirá."

Ez 18:24

Reflexión: De alguna manera los seres humanos tenemos que entender que cualquier otro criterio que haya regido nuestra conducta a lo largo de la historia, que no haya sido la misericordia, nos llevará a la muerte. Al final, el pecado es darle la espalda a la caridad y terminamos por faltarnos al respeto unos a otros, incluso a nosotros mismos. Jugar con el egoísmo, que nos seduce y nos lleva a acaparar la mayor cantidad de dinero, de poder y de placer, nos provocará dolor, amargura e insatisfacción permanente, aunque usemos ropajes religiosos para esconder nuestros verdaderos intereses. Este juego es un pacto con la muerte, unas veces lenta, otras veces implacable, como un golpe de espada. Los preceptos del Señor son la justicia y la rectitud, animadas por la misericordia. Estas nos llevarán a la vida aquí y en el más allá.

Propósito: Haré un examen de conciencia y desenmascararé todas aquellas actitudes que solo me han servido para encubrir mi egoísmo.

Oración: Señor, no puedo alejarte del mundo de "mis negocios", dejándote encerrado en la iglesia para que no te metas en mis asuntos. Ayúdame a disfrutar rectamente de mi libertad, para imprimir un gesto de cariño, lleno de frescura, en todo lo que haga y diga. Amén.

Pregúntate: ¿Sera verdad que la única ganancia en este mundo es acumular cosas, aprobación y aplausos?

SÁBADO

Dt 26:16-19
Sal 118
Mt 5:43-48

"Han oído que se dijo: Amarás a tu prójimo y odiarás a tu enemigo. Pues yo les digo: Amen a sus enemigos y rueguen por los que los persiguen, para que sean hijos de su Padre celestial, que hace salir el sol sobre malos y buenos, y llover sobre justos e injustos."

MT. 5: 43-44

Reflexión: Desde pequeños, a base de escucharla una y otra vez, hemos dejado que la opinión de "los demás" condicione nuestra forma de pensar. Jesús nos invita a tocar el sinsentido de lo ordinario y nos reta a hacer lo extraordinario. Al escuchar nuevamente las palabras de Jesús en esta Cuaresma, nos daremos cuenta de que el misterio de su pasión, muerte y resurrección, es algo que rompe los esquemas del mundo ordinario. No se requiere mucha inteligencia para entender que sus seguidores nos distinguimos por hacer cosas que se salen de lo ordinario y nos atrevernos a tejer nuestra jornada con conductas y actitudes extraordinarias. Los frutos serán evidentes. Y en realidad no podremos ser ni actuar de otra manera, si hemos sido creados y hemos renacido a la vida gracias a Alguien extraordinario. Y lo más extraordinario es que llegamos hasta el punto de amar a nuestros enemigos y hacerles el bien a los que nos odian.

Propósito: Me daré permiso cada día de hacer conscientemente al menos una acto extraordinaria con alguna persona que se cruce en mi camino.

Oración: Señor, concédeme la gracia de sentir tu presencia cuando me atreva a poner un poco de pasión en lo ordinario y para convertirlo en extraordinario, para gloria tuya y bien de mis hermanos. Amén.

Pregúntate: ¿Seguiré creyendo que las cosas y las situaciones son válidas solo porque todo mundo las hace o aprueba?

Segunda semana de Cuaresma
DOMINGO
CICLO A

Gn 12:1-4a
Sal 32
1 Tim 1:8b-10
Mt 17:1-9

"[Dios] nos ha salvado y nos ha llamado con una vocación santa, no por nuestras obras, sino por su propia determinación y por su gracia que nos dio desde toda la eternidad en Cristo Jesús."

2 TIM 1:9

Reflexión: Los ropajes sociales son muy socorridos por las culturas de todos los tiempos. La vaciedad interna nos recuerda que socialmente estamos desnudos y terminamos cubriéndonos con cualquier disfraz, como si escondiéramos nuestra propia muerte. Jesús ha destruido la muerte y nos reviste de inmortalidad… nos reviste de su luz. Ya no tenemos necesidad de mendigar "identidades ajenas".

Propósito: En esta Cuaresma, haré un examen de conciencia para descubrir cuáles son los disfraces que uso con mayor frecuencia.

Oración: Señor, qué tristeza me da haber malgastado tus dones y haber dado más crédito a los criterios mundanos. Ahora me doy cuenta de que me he saturado de muchas cosas superfluas escondiendo mi verdadera desnudez. Revísteme de ti. Que sea tu luz mi nueva piel. Amén

Pregúntate: ¿Realmente me hace sentir vivo el complacer a los demás usando los disfraces de moda?

DOMINGO
CICLO B

Gn 22:1-2.9.15-18
Sal 115
Rom 8:31-34
Mc 9:1-9

"Ante todo, ¿qué diremos? Si Dios está por nosotros, ¿quién contra nosotros? El que no perdonó ni a su propio Hijo, antes bien lo entregó por todos nosotros, ¿cómo no nos dará con él graciosamente todas las cosas?

ROM 8, 31-32

Reflexión: Honestamente es casi imposible no estremecerse ante esta afirmación de san Pablo. El modelo que Dios nos propone es el de la generosidad absoluta. Cualquier gramo de egoísmo en nuestro corazón nos impide entender este lenguaje impresionante de Dios. Estaremos en condiciones gozosas de abandonarnos a las manos del Padre únicamente cuando estemos dispuestos a entregarlo todo; cuando estemos listos para vaciar nuestras "bodegas" y perder el miedo a quedarnos sin nuestras baratijas. Solamente las manos desnudas del hijo pueden abrazar al Padre para entregarse a un cálido abrazo libre de temores y suspicacias. No hay nada que perder, solo una confianza infinita que disfrutar.

Propósito: Disfrutaré al poder dar mi tiempo, mis cosas, mi respeto a quien me lo pida, pensando más en la bondad que en mis "pesas y medidas"

Oración: Padre eterno, abandono la tentación de entender tu generosidad y decido simplemente abandonarme en tus manos. Me dispongo a saborear los frutos con los que mi generosidad puede tocar a quienes me rodean. Quiero mantener mi corazón abierto y acoger a todos; quiero recibirte para que entres en mi vida y pueda disfrutar tu presencia ahora y por toda la eternidad. De rodillas te doy las gracias con una admiración que ya no conoce límites. Amén.

Pregúntate: ¿Me ha sido muy difícil remplazar mis temores por la confianza en Dios?

DOMINGO

CICLO C

Gn 15:5-12.17-18
Sal 26
Filipenses 3:17. 4:1
Lc 9:28b-36

"Y, puesto ya el sol, surgió en medio de densas tinieblas un horno humeante y una antorcha de fuego que pasó por entre aquellos animales partidos. Aquel día hizo Yahvé una alianza con Abrán."

GN 15:17-18

Reflexión: Las antiguas alianzas entre los líderes de los pueblos eran tan serias como la sangre derramada por los animales descuartizados. Todo compromiso entre Dios y nosotros tienen un precio de sangre. No podemos "hacer negocios" con Dios, si no estamos dispuestos a apostar con nuestra propia vida. A los individuos de las sociedades modernas en occidente les incomoda asumir compromisos serios en las relaciones humanas. Los cristianos hemos nacido y crecido con el testimonio y la sangre de hombres y mujeres de fe, que han influido en la historia. La falta de compromiso y la mediocridad son los mejores aliados del maligno, quien aparece con diversas caras y en aparadores distintos, haciéndonos creer que el confort y la comodidad son valores absolutos. Esto ha generado parejas sin compromiso, familias rotas y cristianos mediocres. Este tiempo de gracia es la oportunidad para que la sangre vuelva a correr por nuestras venas y podamos estar en condiciones de participar en los planes de Dios.

Propósito: Haré a un lado mis conveniencias personales y consideraré seriamente consagrar mi vida entera al Señor como laico, religioso, sacerdote, diácono, etc.

Oración: Padre, ahora me doy cuenta de que no tiene sentido seguir pasando las hojas del calendario con una espiritualidad amorfa, mediocre. Concédeme la gracia de hacer un discernimiento consciente y responsable para consagrar el resto de mi vida a tu servicio, en la forma que tú desees. Concédeme escucharte en el silencio de mi plegaria. Amén.

Pregúntate: ¿He considerado la posibilidad de que el Señor me esté llamando a la vida sacerdotal o religiosa?

LUNES

Dn 9:4-10
Sal 78
Lc 6:36-38

"Hemos pecado, hemos cometido iniquidades y delitos, y nos hemos rebelado, apartándonos de tus mandamientos y preceptos."

DN 9:5

Reflexión: La gravedad de nuestro pecado consiste en la ruptura de la armonía de Dios en la creación y la distancia que nuestra maldad provoca. La palabra y los mandamientos de Dios son una forma privilegiada de su presencia. Todo lo que vaya en contra de los seres humanos y de la creación misma es ir en contra de Dios, y esto provoca distancia. En estos días de Cuaresma, podemos darnos cuenta de cómo estar separados de Dios es estar separados de la fuente de la vida, de su ternura del Padre. Por tanto, ignorar esta realidad, o peor aún, ser indiferentes a ella nos acerca al caos, al desorden. Al final solo nos lamentaremos de que estamos muriendo y la piedra del sepulcro paulatinamente seguirá cerrándose.

Propósito: Al final de cada día revisaré qué conductas o actitudes mías han lastimado mi relación con los demás.

Oración: Líbrame, Señor, de distraerme con mi egoísmo. La soledad y el saberme lejos de tu casa, me arrebata el gozo de la vida que solo se tiene cuando vivo en comunión contigo. Déjame sentir en la piel y en el corazón, rastros de tu cálida presencia. Amén.

Pregúntate: ¿Será que mi soledad se vuelve inhumana cuando me encierro en mis negocios y preocupaciones personales?

MARTES

Is 1:10. 16-20
Sal 49
Mt 23:1-12

"Lávense y límpiense, quiten sus fechorías de delante de mi vista, desistan de hacer el mal, aprendan a hacer el bien, busquen lo justo, den sus derechos al oprimido."

Is 1:16-17

Reflexión: Somos hechura divina. Nuestra identidad de hijos de Dios produce frutos, irradia luz, busca la justicia, saca la cara por el que menos tiene, por el que no cuenta socialmente. Pero la flor tiene que sobrevivir en medio del lodo. Los seres humanos nos convencemos fácilmente por los resultados rápidos, por la "felicidad" barata e instantánea, y de pronto nos encontramos jugando con el mismo lodo con el que "todo mundo" juega. Comenzamos salpicando nuestra identidad de aquello que no somos y que pretendemos ser: seducciones que brillan por fuera y nos ensucian por dentro, y terminamos por olvidar nuestra genuina identidad... Es necesario, por lo tanto, que aprovechemos este tiempo de gracia y nos dejemos lavar, purificar. Es necesario que volvamos a aprender a hacer el bien y que redescubramos en la sonrisa de aquella persona olvidada, a quien tendimos la mano, nuestro propio rostro. Será un rostro rescatado, reluciente con el brillo de la Pascua.

Propósito: Por lo menos una vez al día intentaré que mi mejor negocio sea arrancar la sonrisa a alguien a quien pude tender la mano, solo por el gusto de hacerlo.

Oración: Señor, alimenta en mí la nostalgia de mi identidad perdida. Resucita en mí el gozo de hacer el bien para poder redescubrir tu rostro de Padre. Amén.

Pregúntate: ¿Entiendo que hacer el bien no es solo una acción "de buena voluntad", sino algo necesario para redescubrir quién soy realmente?

MIÉRCOLES

2 Sm 7:4-5.12-14.16
Sal 88
Rom 4:13.16-18.22
Mt 1:16.18-21.24

"No ha de ser así entre ustedes, sino que el que quiera llegar a ser grande entre ustedes, será su servidor, y el que quiera ser el primero entre ustedes, será su esclavo; de la misma manera que el Hijo del hombre no ha venido a ser servido, sino a servir."

Mt 20:26-28

Reflexión: Diferente noción de poder. El jueguito que nos propone esta sociedad occidental de subir pisando al de al lado, puede haberse infiltrado también en nuestras familias y comunidades. "No ha de ser así entre ustedes…". Esta Cuaresma nos propone tocar el desencanto del poder político y social de aquí abajo, y al mismo tiempo nos anima a experimentar la frescura de la libertad interior que nace de una conciencia pura; libertad que viene de Dios y que nos permite servir disfrutando, transformar actitudes, corregir la indiferencia para con el sufrimiento del prójimo. Así nos haremos esclavos o esclavas de los demás, con una sonrisa en el rostro, la cual hablará del gozo profundo que llevamos en el corazón. Seremos libres del convencionalismo que se apodera de nuestras vidas y que nos obliga a buscar los aplausos, las caretas y las cuentas llenas de dinero en el banco.

Propósito: Me atreveré a mirar más allá y a disfrutar no estar sentado a la mesa, sino sirviendo a quienes comparten el pan conmigo en la casa.

Oración: Señor, qué frescura me regalas al enseñarme que el poder no lo tiene el que está atado a la mesa para ser servido, sino yo cuando decido servir a los demás con bondad de corazón. Gracias, Señor. Amén.

Pregúntate: ¿Sera más poderoso aquel que necesita ser servido?

JUEVES

Jr 17:5-10
Sal 1
Lc 16:19-31

"Bendito quien se fía de Yahvé, pues no defraudará Yahvé su confianza. Es como árbol plantado a la vera del agua, que junto a la corriente hecha sus raíces. No temerá cuando viene el calor y estará su follaje frondoso."

JR 17:7-8

Reflexión: La bendición por excelencia viene de Dios. Dios nos respeta si al final decidimos colocar nuestra esperanza en otras cosas o personas. Peor aún, podemos enraizarnos en las cosas o en las personas equivocadas. Seguramente, cuando el calor de lo impensable, de la tragedia nos abrace, nuestros movimientos existenciales serán torpes, llenos de miedos y de interrogantes. Quien confía en el Señor, aun en los tiempos difíciles, podrá experimentar la frescura de su presencia en las propias raíces de su interior. Dios no nos libra de las tragedias, sería muy fácil de su parte. Dios nos permite sentir su presencia en las dificultades y nos regala el sentido de dirección y de fortaleza, porque su presencia es la que alimenta nuestra actitud de guerreros liberados;

liberados del miedo y equipados con su misericordia. Nos da un sentido totalmente distinto de la realidad, dirigiendo nuestra mirada a la eternidad, tomados de su mano, enraizados en su presencia fuerte y serena.

Propósito: Durante el día de hoy me tomaré espiritualmente de la mano de Dios y todo lo que haga será en su presencia.

Oración: Señor, de pronto me descuido y me aferro a seguridades vanas. Que jamás vuelva a poner el sentido de mi vida en cosas efímeras. Que tu presencia se haga evidente a lo largo de cada día que me regalas. Amén.

Pregúntate: ¿Hay algo fuera de Dios que me haga sentir seguro o segura realmente?

VIERNES

Gn 37:3-4.12-13.17-28
Sal 104
Mt 21:33-43.45-46

"Ellos lo vieron de lejos [a José] y, antes que se les acercara, conspiraron contra él para matarlo y se decían mutuamente: 'Por ahí viene el soñador. Vamos a matarlo y lo echaremos en un pozo cualquiera y diremos que algún animal feroz lo devoró. Veremos entonces en qué paran sus sueños'."

GN 37:18-20

Reflexión: Los grandes personajes de la historia generalmente han sido grandes soñadores. Estamos llamados a superar nuestra realidad transformándola según los planes de Dios y para conseguirlo, tenemos que pedirle al Señor que nos enseñe a soñar. También para instaurar el Reino, para amarnos los unos a los otros tenemos la necesidad de ser creativos, de adelantarnos y de descubrir la mano de Dios tocando y ampliando nuestros limitados horizontes. José tuvo el coraje de soñar y asumir las consecuencias, al inicio difíciles, pero al final, gracias a sus intuiciones, pudo incluso salvar la vida de un pueblo. Si abrimos a Dios nuestra capacidad humana y divina de soñar, podremos prepararnos para ser instrumentos de cosas maravillosas tales como aliviar las relaciones de familia o transformar nuestra sociedad. Ya no viviremos en la ley de la selva, sino que seremos valientes para vivir la ley de la caridad convirtiéndonos en protagonistas de una realidad nueva y fascinante.

Propósito: Hoy pondré un poco más de creatividad en mi jornada y dejaré que mis sueños y anhelos vuelvan a tener fuerza.

Oración: Señor que has comunicado tu mensaje también a través de sueños, inspírame para convertir mi rutina diaria en algo maravilloso. Amén.

Pregúntate: ¿Me he dado cuenta de que mi capacidad de soñar tiene su propio poder humano y divino?

SÁBADO

Miq 7:14-15.18-20
Sal 102
Lc 15:1-3.11-32

"¡Cuántos jornaleros de mi padre tienen pan en abundancia, mientras que yo aquí me muero de hambre!."

Lc 15:17

Reflexión: La nostalgia puede convertirse en un rayo de luz. Cuando la vida nos cobra la factura por una decisión equivocada o por haber invertido trozos importantes de nuestra vida en "gozos y conveniencias baratas", la nostalgia de haber abandonado a Dios nos embarga. Hubo un momento en que vimos nuestra fe como una religiosidad anticuada y, sin embargo, nos había tocado el alma y nos había llenado de seguridad y sentido; entonces, alguna lágrima rodando por nuestro rostro nos hará sentir el dolor de una gran pérdida. Tarde o temprano, la envoltura de colores no resiste la crudeza de la realidad y termina por desaparecer dejando a la luz tan solo un puñado de bellotas listas para ser tiradas a los cerdos. Bendita nostalgia que nos hace levantarnos y redirigir los pasos y el corazón hacia la casa del Padre.

Ahí recuperaremos nuestra dignidad, más de una vez malvendida.

Propósito: Cuando se presente por primera vez la tentación, pondré mis valores cristianos y mis apetitos en una balanza y ponderaré las verdaderas ganancias y las pérdidas escondidas.

Oración: Padre, he pecado contra el cielo y contra ti, ayúdame y mándame ir a ti. No permitas nunca más en mí el dolor de la distancia. Que no vuelva a arriesgar mi dignidad de hijo por un puñado de bellotas.

Pregúntate: ¿Soy realmente feliz cuando dejo a Dios encerrado en la iglesia para poder satisfacer mis antojos sin remordimientos?

Tercera semana de Cuaresma

DOMINGO
CICLO A

Éx 17:3—7 Sal 94:1-2.6-7. 8-9
Rom 5:1-2. 5-8
Jn 4:42. 15

"El pueblo, sediento, murmuraba de Moisés: '¿Por qué nos has sacado de Egipto para matarnos de sed a nosotros, a nuestros hijos y a nuestros ganados?'."

Éx 17:3

Reflexión: Deseamos ser libres, pero cuando tenemos la libertad en nuestras manos, no sabemos qué hacer con ella o no estamos dispuestos a pagar el precio. En este tiempo cuaresmal de desierto se nos ofrece la oportunidad para erradicar las quejas y dejar de ocultar nuestra falta de compromiso; a cambio, adoptaremos la actitud del guerrero que bendice la sed y el hambre para poder identificar más claramente la voluntad de Dios y apostar por lo que realmente vale la pena. Bendigamos nuestra hambre y nuestra sed para luchar por la libertad y la dignidad de todos los seres humanos.

Así nos descubriremos verdaderamente libres. Nos alimentaremos más y nos saturaremos menos.

Propósito: Bendeciré mi hambre y mi sed. Seleccionaré cuidadosamente aquello que de verdad alimentará mi mente y mi cuerpo.

Oración: Padre, te pido perdón por haber ignorado lo que realmente alimenta mi alma y mi cuerpo; por haber matado el hambre con comida barata. Despierta en mí un hambre verdadera que me lleve a ti. Tengo hambre de tu presencia. Amén.

Pregúntate: ¿qué me provoca más placer: saciar mi hambre y mi sed o saturarme como un globo a punto de reventar?

DOMINGO
CICLO B

Éx 20:1-7
Sal 18
1 Cor 1:22-25
Jn 2:13-25

"Seis días trabajarás y harás todos tus trabajos, pero el día séptimo es día de descanso en honor de Yahvé, tu Dios."

Éx 20:8-10

Reflexión: Este trozo de la Escritura es un reto que contrasta con esta insaciable cultura de competencia y productividad donde el descanso es visto como una pérdida de tiempo. Humanizar nuestros horarios y nuestras familias significa aprender a descansar, viendo en ello una valiosa inversión de tiempo. El descanso nos permite hacer mejor después nuestro trabajo y al mismo tiempo nos ayuda a no perder la perspectiva de lo que es más importante. El trabajo está al servicio de la persona y no la persona al servicio del trabajo. Mantener viva la presencia de Dios en nuestra jornada es esencial para dar sentido a las 24 horas de cada día. Aprender a estar con Dios implica que también como individuos y como familia aprendamos a organizar nuestro descanso, con un poco de fantasía y una clara conciencia de que Dios es nuestro punto de partida y de llegada, tanto cada día como al final de toda nuestra existencia.

Propósito: Respetaré un día de descanso a la semana y la Eucaristía dominical será una prioridad para el resto de mi vida.

Oración: Señor, concédeme la gracia y un poco de creatividad para aprender a descansar y así estar en condiciones de hacer mejor mi trabajo. Amén.

Pregúntate: ¿He confundido el descanso con la pérdida de tiempo?

DOMINGO
CICLO C

Éx 3:1-8a. 13-15
Sal 102
1 Cor 10:1-6. 10-12
Lc 13:1-9

"Dijo Dios a Moisés: 'Yo soy el que soy'. Y añadió: 'Así dirás a los israelitas: Yo soy me ha enviado a ustedes'."

Éx 3:14

Reflexión: Dios se presenta de una manera increíblemente simple y a la vez poderosa. El ser de Dios, lo que revela su perfección y grandeza, es mostrarse como el que hace que todo sea, el creador de todo. A diferencia de nuestros pueblos occidentales, en los que necesitamos fortalecer nuestra inseguridad social colgándonos títulos y condecoraciones, Dios se presenta simplemente como el que es, sin otras credenciales ni adjetivos. Evidentemente esta realidad divina es nuestro mejor punto de referencia para descubrir la mano de Dios en la naturaleza y también en nuestro interior. Nos daremos cuenta, con profundo gozo, que estamos equipados con una dignidad perfecta y con el amor que nos viene de este Dios creador, quien no solamente nos permite ser, sino que también nos invita a ser co-creadores en su Nombre, nos invita a colaborar con Él en la obra de la creación.

Propósito: A partir de hoy, dejaré de ocultar mis cualidades y las pondré al servicio de los demás. Evitaré mendigar que me reconozcan o que me atiendan.

Oración: Dios creador y providente, concédeme la gracia de descubrir en la humildad y la sencillez tu presencia poderosa. Que ya no tenga que recurrir al chantaje o a la queja para atraer la atención de quienes más bien necesitan mi caridad y mi servicio. Amén.

Pregúntate: ¿Qué me hace más valioso, la conciencia de la presencia de Dios en mí o la cantidad de títulos e influencias para ostentar ante otros?

LUNES

2 Re 5:1-15
Sal 41
Lc 4:24-30

"[Naamán] bajó pues y se lavó en el Jordán siete veces, conforme a la palabra del hombre de Dios. Su carne volvió a ser como la de un niño pequeño y quedó limpio."

2 RE 5:14

Reflexión: Es evidente que cuando la identidad de alguien depende de los títulos que tiene en la pared, como Naamán, el general del ejército Sirio, el lenguaje sencillo le sabe a poco. Es una pena porque Dios suele hablar así: en un tono simple, sencillo y franco. Hasta un niño puede entenderlo. Es difícil curarse de la lepra de las complicaciones y de los prejuicios, a no ser que nos atrevamos a bajar de nuestra "cabalgadura" y hacer humildemente la tarea para descubrir que los juicios aventurados nos han hecho envejecer. También podemos inclinar la cabeza y dejar que Dios toque con su palabra sencilla y su voluntad sorprendente nuestras costras y deje nuestra piel y nuestro corazón tan limpios como los de un niño.

Propósito: Descubriré la flexibilidad y la frescura de la humildad, bajándome de mi caballo y atendiendo con la sencillez de un niño a la persona que me necesite.

Oración: "Ahora sé que no hay más Dios" que tú, Señor. Ayúdame a poner mis pretensiones a suficiente distancia, de modo que pueda descubrir tu presencia sencilla y generosa en el rincón menos esperado de mi vida. Amén.

Pregúntate: ¿Es mi oración un mero conjunto de palabras o un silencio atento para que Dios se manifieste?

MARTES

Is 7:10-14
Sal 39
Heb 10:4-10
Lc 1:26-38

"Pedro se acercó entonces [a Jesús] y le dijo: 'Señor, ¿cuántas veces tengo que perdonar las ofensas que me haga mi hermano? ¿Hasta siete veces? Le dice Jesús: 'No te digo hasta siete veces, sino hasta setenta veces siete'."

Mt 18:21-22

Reflexión: Perdonar no es solo uno acto piadoso, es una verdadera necesidad para conservar nuestra salud mental y espiritual. No se trata de minimizar el daño ni mucho menos de ignorarlo. Se trata de cambiar la ofensa por responsabilidad. Ni a quien hizo el daño, ni a la víctima, les sirve la ofensa. Lo que sí es necesario es la responsabilidad. Ni el cerebro ni el corazón humano fueron diseñados por Dios para almacenar basura. Por tanto, perdonar es dejar la responsabilidad en manos del agresor y poner en el bote de basura el rencor y el resentimiento. Así, ese contratiempo se convierte en una oportunidad para crecer en la sabiduría de quien sabe, incluso, corregir con el perdón... hasta setenta veces siete, hasta el infinito.

Propósito: Revisaré mis resentimientos y les pondré la etiqueta virtual de basura. Hoy decido limpiar mi corazón.

Oración: Señor, qué manía la nuestra la de medir y pesar todo, hasta el perdón. Concédeme la gracia de que tu generosidad sea perfecta en mí para desprenderme de mis enojos y corajes; para dejar espacio solamente a la fuerza curativa de tu misericordia ahí donde tú habitas, en mi corazón. Amén.

Pregúntate: ¿Me resisto a perdonar como si mi rencor pretendiera que el otro pagara por lo que hizo? ¿Como si fuera un partido de soccer donde hay que buscar el empate?

MIÉRCOLES

Dt 4:1.5-9
Sal 147
Mt 5:17-19

"No piensen que he venido a abolir la Ley y los Profetas. No he venido a abolir, sino a dar cumplimiento."

MT 5:17

Reflexión: La tarea de una persona sabia es descubrir el sentido de la vida y la forma en que debemos vivirla. Los discípulos de Jesús partimos de lo que tiene sentido y en un segundo momento hablamos de reglas y normas. Los seres humanos, de muchas maneras y a lo largo de los siglos, nos hemos confundido, nos hemos distraído con las normas y nos hemos olvidado de lo que tiene sentido. Jesús nos ayuda a encontrar el significado de las personas, de la historia y del cosmos. Por ello nos deja la caridad y el respeto recíproco como un solo mandamiento. El hecho de dar un abrazo, de dibujar una sonrisa, de regalar una palmada al hombro será más poderoso que un manual de reglas morales o una espiritualidad basada en obligaciones tiranas.

Propósito: Me esforzaré para que lo que salga de mi boca sea verdadero y amable.

Oración: Señor, concédeme la gracia de poder descubrir que lo único que le da sentido a mis obligaciones diarias es la caridad. Que tu cariño paterno quede grabado profundamente en mi corazón.

Pregúntate: ¿Cuándo trato de ser obediente, es por complacer a alguien o porque realmente estoy buscando darle un sentido a mis deberes?

JUEVES

Jr 7:23-28
Sal 94
Lc 11:14-23

"...escuchen mi voz, y yo seré su Dios y ustedes serán mi pueblo...."

Jr 7, 23-28

Reflexión: Para que podamos hablar con Dios es necesario practicar la escucha, el silencio, la contemplación. Una de las múltiples ventajas de estar atentos a la voz discreta de Dios es que nos permite darnos cuenta de quiénes somos. Dios se nos revela como Padre y gozaremos al reconocernos como hijos y como hermanos. Ya no somos propiedad de los viejos amos de este mundo que siguen intentando seducirnos y someternos. Ahora nos descubrimos como propiedad de Dios, el único Señor, el cual nos invita a ser y a vivir de otra manera. Es el Señor el que nos invita a reinventar nuestra forma de caminar por esta tierra, ya no solos ni sometidos.

Propósito: Iniciaré mis momentos de oración haciendo silencio y poniéndome en la presencia de Dios con todo mi ser, con todas las partes de mi organismo.

Oración: Señor, despierta en mí el hambre de tu presencia. Ayúdame a abandonar todos mis ruidos internos en tus manos. Que pueda nuevamente escuchar tu voz.

Pregúntate: ¿No se me ha ocurrido que para poder escuchar la voz de Dios tengo que aprender a "hablar" con la elocuencia de mi silencio?

VIERNES

Os 14:2-10
Sal 80
Mc 12:28-34

"Yo sanaré su infidelidad, los amaré aunque no lo merezcan."

Os 14:3

Reflexión: Hemos crecido y vivimos en una sociedad competitiva que se mueve por méritos. Nos regimos por un sentido de justicia que pretende dar a cada quien lo que le corresponde. Afortunadamente, el amor creador de Dios no nos da lo que merecemos, sino lo que necesitamos. Esta civilización "desarrollada" vive una crónica inanición de cariño. Nos seguimos matando porque nuestros criterios humanos todo lo miden, pesan y cuentan. El amor de Dios nos quita la culpa y nos devuelve su imagen. Solo el amor nos puede devolver ese sello de Dios que nos hace tanta falta para reeducar nuestros ojos y nuestros corazones, y reconocernos unos a otros, con la misma dignidad.

Propósito: Me preocuparé de dar a los que me rodean, no lo que merecen, sino lo que necesitan.

Oración: Señor, gracias por arropar mi desgracia con tu ternura. Ayúdame a que mi relación con los demás sea menos para satisfacer mis expectativas y un poco más para mostrar tu misericordia.

Pregúntate: ¿Sigo creyendo que ser justo es dar a cada quién lo que le corresponde? ¿No será solo una excusa para proteger mis intereses?

SÁBADO

Os 6:1-6
Sal 50
Lc 18:9-14

"Vengan, volvamos a Yahvé, pues él ha desgarrado, pero nos curará; él ha herido, pero nos vendará (...) y viviremos en su presencia

Os 6:1-2

Reflexión: Las personas tenemos el mismo poder para dañar y para curar. La misma persona que tiene el poder para lastimar lo tiene para sanar. Esto es más profundo entre aquellos que emocionalmente viven más cerca entre sí. Con este texto del profeta Oseas podemos darnos cuenta de que este poder para curar y sanar a otros nos viene de Dios. En esta cultura de muerte aprendemos consciente o inconscientemente a contaminar, a poner debajo de nuestras botas a quien sea necesario para conseguir lo que nos conviene. Qué dolor produce constatar que el egoísmo nos puede nublar el entendimiento y terminamos hiriendo a las personas que más amamos. Este tiempo de Cuaresma es un tiempo de gracia que nos devuelve el poder, tantas veces olvidado, de curar y de sanar con el mismo cariño con el que Dios venda nuestras heridas.

Propósito: Me voy a atrever a pedir perdón a aquella persona de mi familia a quien de alguna forma he lastimado con mi imprudencia o indiferencia

Oración: Señor, ha sido tan fácil descalificar y perjudicar a tantos que viven cerca. Ayúdame, con la gracia de tu cariño, a armarme de valor y de ilusión para curar tantas heridas que he provocado con mi egoísmo.

Pregúntate: ¿Justifica lastimar a alguien simplemente porque creo que tengo la razón?

Cuarta semana de Cuaresma

DOMINGO
CICLO A

---

1 Sm 16:1b. 6-7. 10-13a
Sal 22
Ef 5:8-14
Jn 9:1-41

"No mires su apariencia ni su gran estatura, pues yo lo he descartado. No es como ve el hombre, pues el hombre ve las apariencias, pero Yahvé ve el corazón."

1 Sm 16:7

Reflexión: Samuel es enviado por Dios a la casa de Jesé para elegir un rey. Parece que los criterios humanos no han cambiado, más aún, en nuestra cultura occidental las apariencias son esenciales para hacer negocios. Probablemente en esta Cuaresma tomemos conciencia de este reto y descubramos que el culto por la apariencia también tiraniza a cambio de unos cuantos aplausos pasajeros y un tremendo vacío interior, que puede tornarse crónico. La clave para desarrollar relaciones humanas altamente saludables, productivas y sobre todo cristianas, es aprender a leer en el corazón. Tenemos que desarrollar la capacidad pascual para taladrar la corteza y la apariencia de las personas y de las situaciones hasta llegar al corazón del otro. En realidad, nosotros también habremos descubierto el nuestro. Nuestro corazón será entonces nuestro punto de referencia y él nos enseñará a leer el corazón de los demás.

Propósito: Haré ejercicios para bajar las ideas de mi cabeza al corazón y para "ponerme en los zapatos del otro" antes de emitir un juicio.

Oración: Señor, tú sabes cuánto me ha gustado dejarme hipnotizar por las apariencias a costa de una insatisfacción que no conoce límites. Me he vuelto analfabeto porque solo miro la superficie y termino dañando mis relaciones con los demás. Ayúdame a explorar corazones, empezando por el mío. Amén.

Pregúntate: ¿Sigo creyendo que debo tratar a los demás de acuerdo con la primera impresión que recibo?

DOMINGO
CICLO B

---

2 Cr 36:14-16.19-23
Sal 136
Ef 2:4-10
Jn 3:14-21

"Tampoco viene de las obras, para que nadie se gloríe. En efecto, hechura suya somos: creados en Cristo Jesús, en orden a las buenas obras que de antemano dispuso Dios que practicáramos."

Ef 2:9-10

Reflexión: Somos hechura de Dios, somos producto de su bondad y "de sus manos". Esta es una excelente noticia la cual nos recuerda que es el amor de Dios el que nos hace buenos. Este amor es que el que nos permite difundir la bondad de Dios con nuestro corazón y con nuestras manos. Por tanto, no somos buenos porque hacemos cosas buenas, sino justamente somos buenos porque somos producto del amor de Dios. La única forma de no morir es hacer el bien como una exigencia natural de lo que realmente somos. De ahora en adelante tendremos una conciencia pascual de que lo que hagamos es una señal divina de lo que somos. No habrá espacio para el egoísmo. Ya no más oscuridad.

Propósito: Despertaré en mi la conciencia de lo amado que soy por Dios y del bien que hoy y siempre soy capaz de hacer.

Oración: Señor, me imagino cómo tu bondad y tu amor me permiten existir y cómo tu ternura me reviste de luz. Concédeme la gracia de estar atento a proyectar tu bondad en mi tarea de cada día, amando y sirviendo en tu nombre. Amén.

Pregúntate: ¿Sigo pensando que lo que me hace bueno son los méritos de mis acciones?

DOMINGO
CICLO C

Jos 5:9a.10-12
Sal 33:2-3. 4-5. 6-7
2 Cor 5:17-21
Lc 15:1-3. 11-32

"Me levantaré, iré a mi Padre y le diré: Padre, pequé contra el cielo y ante ti; ya no merezco ser llamado hijo tuyo."

Lc 15:18-19

Reflexión: Es impresionante cómo el poder de la nostalgia, mezclada con el revolcarnos entre los cerdos, nos da la fuerza para levantarnos y descubrir lo que realmente tiene sentido. De pronto, la ausencia de los brazos tiernos y firmes de nuestro Padre nos hace caer en la cuenta de que vendimos nuestra dignidad a cambio de unas baratijas, que nos supieron vender y que torpemente decidimos comprar. A partir de ahora, no habrá poder seductor en este mundo que supere la conciencia de que soy hijo de Dios por adopción, aunque tenga que renunciar a mis placeres baratos.

Propósito: Antes de tomar cualquier decisión importante en mi jornada, tendré vivamente presente el beso del Padre en mi frente.

Oración: Señor, qué pronto se han esfumado los gozos pasajeros que he comprado y qué repugnante es el aroma del estiércol de los cerdos con los que me he mezclado. No permitas que jamás me vuelva a alejar de tu casa. Amén.

Pregúntate: ¿Cuántas veces tendré que experimentar lo pasajero del placer mundano y la vaciedad deprimente de mi interior? ¿Hasta cuándo?

LUNES

Is 65:17-21
Sal 29
Jn 4:43-54

"Pues he aquí que yo creo cielos nuevos y tierra nueva."

Is 65:17

Reflexión: El toque creador de Dios mantiene la novedad de todo lo que nos rodea. La relación de Dios con las cosas y con los seres humanos es una relación de amor. He aquí nuestro punto de referencia. Este tiempo de Cuaresma nos da otra oportunidad para inventariar todo aquello que nos ha alejado del amor, porque otras cosas nos han parecido más importantes. Por tanto, nosotros mismos hemos alejado la verdadera novedad de nuestras vidas y ahora nos sorprendemos de que nuestras cosas y nuestras actitudes se hayan empolvado. Nosotros mismos también hemos dejado que el egoísmo nos siga avejentando, aunque nuestra acta de nacimiento diga lo contrario. Sin embargo, podemos dejarnos invadir por el viento fresco de la novedad de Dios, si le damos un toque de bondad y de pasión a todo lo que hacemos y decimos. La Cuaresma nos ayudará a entender que nuestro rostro también puede rejuvenecer cuando recuperamos la habilidad de sonreír y agregar dosis importantes de bondad al trozo de mundo en el que nos toca vivir.

Propósito: Me aseguraré de que todo lo que haga tenga un toque de bondad.

Oración: Señor, qué fácil me he dejado avejentar pretendiendo comprar la juventud. Quiero abrir la puerta de mi corazón para que el viento fresco de tu bondad me abrace y me haga recuperar la memoria de que lo bueno y lo amable van de la mano. Que no vuelva a perder un solo momento de mi vida en intereses mezquinos. Amén.

Pregúntate: ¿De verdad son las recetas de belleza, que se venden y compran fácilmente, las que nos mantienen jóvenes?

MARTES

Ez 47:1-9.12
Sal 45
Jn 5:1-3.5-16

"'Es sábado y no te está permitido llevar la camilla'. Él les respondió: 'El que me ha devuelto la salud me ha dicho: Toma tu camilla y anda'."

JN 5:10-11

Reflexión: Las leyes centradas en sí mismas son paralizantes. Aquellos de nosotros empeñados en que se observen las reglas –obviamente señalando a los demás– nos volveremos agentes de parálisis. No puede ser que confundamos la religión cristiana con un puñado de normas y reglas, matando la alegría y la creatividad de quien ha descubierto en Jesús justamente todo lo contrario: un amor que libera el alma, las manos y los pies para poder contagiar al mundo con este amor de Dios que nos cura de la petrificación y la parálisis, y nos lanza a la aventura del misterio del Reino. Ahora podemos caminar y proclamar que Dios también se hace presente en nuestros gestos fraternos y, por lo tanto, permite que alguien más también tome su camilla y vuelva a caminar.

Propósito: Usaré mi boca para dar una palabra de entusiasmo a las personas que colaboran conmigo.

Oración: Señor, concédeme el placer de volver a usar mi camilla, ya no con las piernas, sino con las manos. Que mi parálisis solo haya sido una oportunidad para experimentar tu presencia curativa en mi andar de cada día.

Pregúntate: ¿Será que lo importante de las normas es solo cumplirlas?

MIÉRCOLES

Is 49:8-15
Sal 144
Jn 5:17-30

"Yo te formé y te he destinado a ser alianza del pueblo, para levantar la tierra."

Is 49:8

Reflexión: La imagen del libro del Génesis nos ilustra la forma en que los seres humanos existimos. Somos como un montón de barro maleable. Lo que ha sido crítico a lo largo de la historia humana es cómo nos hemos dejado modelar, la forma de qué o de quién hemos dejado que se imprima en nuestro ser. Esto sigue sucediendo en nuestros días. Hemos dejado que "la moda social" nos deforme. En este tiempo de Cuaresma podemos tocar nuestro hastío y experimentar la nostalgia de las manos misericordiosas de Dios, que igualmente están dispuestas a darnos una forma nueva. Podemos promover en esta Cuaresma, como una experiencia de Pascua, que Dios sea quien nuevamente imprima su imagen en cada uno de nosotros y recuperemos nuestra verdadera identidad.

Propósito: Hoy dejaré que la imagen de Dios en mí me mueva a hacer una alianza, solo con la parte positiva de las personas y las cosas.

Oración: Señor, aunque me duela, quiero que tus manos vuelvan a amasar mi barro y dejar que tu imagen en mí me permita ayudarte a restaurar este mundo, que parece estar perdiendo tu toque divino, aquel que le diste al amanecer de la creación.

Pregúntate: ¿La imagen de Dios en mi está a merced de lo que la sociedad aplaude?

JUEVES

---

2 Sm 7:4-5.12-14.16
Sal 88
Rom 4:13.16-18.22
Mt 1:16.18-21.24

"Se hicieron un becerro en Horeb, ante una imagen fundida se postraron, y fueron a cambiar su gloria por la imagen de un buey que come hierba."

SAL 105:19-20

Reflexión: A pesar de que nuestro cerebro lo reconoce, nuestras rodillas siguen doblándose ante cualquier cosa que brilla. Con el tiempo y el adormecimiento de nuestros ojos, vamos perdiendo el sentido de lo que realmente vale y nos dejamos seducir por lo que solo brilla. La falta de conciencia, la pereza de pensar con un poco más de criterio personal, nos traiciona y perdemos el sentido de lo trascendente, de lo que realmente perdura; nos confundimos. Qué triste que nos quedemos comiendo solo del pasto que nos han puesto delante.

Propósito: Hoy dejaré que el punto final de mi existencia, la muerte, sea mi punto de referencia antes de planear mi jornada. Haré lo que realmente vale la pena.

Oración: Señor, permite que la luz de tu sabiduría me mantenga despierto. Que esté atento a tu presencia en tantas cosas maravillosas con las que me rodeas cada día. Que venza la tentación de fabricar dioses que al final se puedan volver en contra mía. Amén.

Pregúntate: ¿Cuándo empecé a hacer a Dios a mi imagen y semejanza?

VIERNES

Sab 2:1.12-22
Sal 33
Jn 7:1-2.10.25.30

"Después de esto, Jesús andaba por Galilea, y no podía andar por Judea, porque los judíos buscaban matarlo."

JN 7:1

Reflexión: Judea es la región donde se encuentra Jerusalén, la sede de los líderes religiosos del pueblo de Israel; gente bien preparada, muchos de ellos muy buenos, pero obsesionados por una religiosidad basada en los "debes", en las leyes. La consecuencia es lógica: nos enfermamos de intolerancia. La conducta de Jesús, tejida con las fibras de la misericordia, le rompe los esquemas a la "gente religiosa" de su tiempo y es una pena que, entonces y ahora, pretendamos desechar lo que no toleramos terminando por desecharlo, por descalificarlo, por matarlo.

Propósito: Hoy regalaré "trozos" de tolerancia, especialmente a las personas que difieren de mí.

Oración: Señor, que tu misericordia se anide en mi corazón y sea capaz de regalar un poco de mi tiempo y de mi cariño a aquellas personas que han sido abandonadas en instituciones, ya sea en sillas de ruedas o detrás de las rejas. Amén.

Pregúntate: ¿Me doy cuenta de cómo descalifico a las personas que no están de acuerdo conmigo?

SÁBADO

Jr 11:18-20
Sal 7
Jn 7:40-53

"Jamás un hombre ha hablado como habla ese hombre."

JN 7:46

Reflexión: Cualquier persona, capaz de articular sonidos, puede pretender hablar. Cualquier otro podrá hacer uso de la palabra y hablar de conceptos e ideas con precisión. La realidad es que nadie tiene necesariamente la obligación de escuchar y menos aún de retener, aunque la idea haya sido expuesta con claridad. El auditorio puede quedar impresionado, pero no necesariamente motivado a modificar su escala de valores y su forma de vida. Para ello se requiere autoridad, cierto ascendiente moral que solo se consigue cuando las palabras solamente son la expresión de la forma de vivir de quien habla. Esa persona le ha devuelto a la palabra su poder. Imaginemos que podamos ejercer este poder moral, con nuestra forma de vivir, para poder enriquecer la vida de los que amamos y de quienes nos cuesta tanto querer. Nuestra historia, definitivamente, sería contada de otra manera.

Propósito: Haré ejercicios de coherencia, uniendo lo que digo a lo que hago.

Oración: Señor, qué pena haber confundido el poder social con la autoridad moral. Concédeme la sabiduría de poder disfrutar la frescura de la honestidad en mi interior y darme cuenta de que la vida es hermosa y menos complicada cuando me permito vivir con la verdad en los labios y en el corazón. Amén.

Pregúntate: ¿Sigo creyendo que puedo corregir con gritos y amenazas?

Quinta semana de Cuaresma

DOMINGO
CICLO A

Ez 37:12-14
Sal 129
Rom 8:8-11
Jn 11:1-45

"Cuando llegó Jesús, se encontró con que Lázaro llevaba ya cuatro días en el sepulcro. (...) Dijo: '¿Dónde lo han puesto?' Le responden: 'Señor, ven y lo verás'. Jesús derramó lágrimas. Los judíos entonces decían: 'Miren cómo le quería'."

JN 11:1.34-36

Reflexión: La compasión es evidente en la actitud de Jesús. Sería difícil imaginar una lágrima corriendo por las mejillas de Dios. Pero en Jesús es evidente su empatía con quien sufre. Qué consuelo nos da la certeza de que Dios ha conocido, en su propia piel, el dolor y la angustia de la que nosotros le hablamos en nuestra súplica. No hay duda de que es el "Dios con nosotros", hasta el punto de compartir nuestro dolor y nuestras lágrimas. Qué diferencia y qué alivio cuando nosotros, del mismo modo, acercamos al dolor de la persona de al lado, no nuestro discurso fuera de lugar, sino nuestro cariño, nuestro abrazo y nuestro silencio acompañado con alguna lágrima que brota directamente del corazón.

Propósito: Estaré atento al dolor de la persona de al lado ofreciéndole, no mis sermones imprudentes, sino la certeza de mi afecto y mi solidaridad.

Oración: Señor, no tenías ninguna necesidad, sin embargo me recuerdas que mi dolor y mi angustia no te son ajenas. Cuando me quedo perdido en mis pensamientos vagos, tocando mi herida abierta, ahí estas tú mirándome desde la cruz. Te amo en medio de mi silencio, dejando que también tus brazos abiertos abracen mi barro lastimado.

Pregúntate: ¿Será, acaso, que el consuelo solo puede darse con palabras?

DOMINGO
CICLO B

Jr 31:31-34
Sal 50
Heb 5:7-9
Jn 12:20-33

"Pondré mi ley en su interior y sobre su corazones la escribiré."

JR 31:31-33

Reflexión: La ley entregada a Moisés estaba grabada sobre piedra. El pueblo de Israel la rompió. Parece que la piedra sigue siendo ajena al ser humano. Ahora Dios coloca su ley en un lugar especial, ahora está grabada en nuestra mente y grabada en la carne de nuestro corazón. Habrá que re-entender que la Ley de Dios está muy lejos de ser un código porque en verdad es una forma de vida. La ley de Dios se resume en cuatro letras: amor. Y cuando despertemos, podremos entender que es solo amando como vivimos y alimentamos la esperanza de vida en todo lo que nos rodea. No hay forma de perderse, lo tenemos divinamente grabado en nuestra mente y en nuestro corazón.

Propósito: Dejaré que la ley del amor de Dios también se grabe en cada palabra y en cada tarea de mi rutina diaria.

Oración: Señor, eres maravillosamente profundo y al mismo tiempo tan sencillo. Ayúdame a curarme de las complicaciones inútiles. Concédeme la gracia de poner la huella de tu bondad y de tu presencia en todo lo que diga y haga. Amén.

Pregúntate: ¿Me sigo complicando la vida con una lista interminable de preceptos para no enfrentarme con la simplicidad de la caridad?

DOMINGO
CICLO C

Is 43:16-21
Sal 125
Flp 3:8-14
Jn 8:1-11

"Aquel de ustedes que esté sin pecado, que le arroje la primera piedra."

Jn 8:7

Reflexión: El designio divino sobre cada uno de nosotros no está pensado por Dios para que evaluemos las conductas del vecino. La imagen de Dios, impresa en cada uno de nosotros, se manifiesta en la misericordia, en la compasión. Estas no son exactamente virtudes, sino un estilo de vida. Jesús, no solamente reta, sino que nos refresca la memoria: que nuestro rol existencial no es el de jueces. Somos hermanos, igualmente pecadores, que compartimos nuestras miserias, pero que también podemos ayudar cuando nuestro corazón y no nuestro cerebro, se acercan a la miseria del hermano. Nuestra mano se extenderá para levantar a quien tropezó y nos aseguraremos de que antes de nuestra corrección fraterna, vaya nuestro cariño e interés sincero por el hermano. Entonces habremos conseguido que nuestra presencia tenga la autoridad moral que nuestro prójimo necesita.

Propósito: Solo corregiré a quienes les haya dejado sentir la sinceridad de mi cariño.

Oración: Señor, ayúdame a quitarme el disfraz de juez, porque solamente me ha intoxicado el corazón. Que los que me rodean puedan sentir la fuerza de mi bondad antes que mi fría sentencia.

Pregúntate: ¿Qué es lo que me da la autoridad moral para corregir a mi hermano? ¿El cerebro o el corazón?

LUNES

Dn 13:1-9.15-17.19-30.33-62
Sal 22
Jn 8:1-11

"Yahvé es mi pastor, nada me falta."

SAL 23:1

Reflexión: Qué necesidad tan grande tenemos de poder distinguir lo que queremos y lo que realmente nos hace falta. Cuánto bien les haría a nuestros niños distinguir entre lo que se les antoja y lo que realmente necesitan. La vida es una aventura que nadie puede disfrutar si la emprende solo. Solamente el camino nos ayuda a entender que no podemos cargar otra cosa más que lo esencial y parte de lo esencial es la presencia de Jesús, quien nuevamente se hace el encontradizo y nos enseña a caminar, solamente con lo que verdaderamente es importante. Si dejamos que él nos acompañe en nuestra jornada, lo que realmente llenará de sentido nuestra vida será parte de nuestro equipaje. Nada nos faltará.

Propósito: Haré un ejercicio de pedir solamente lo que necesito. Lo que solamente quiero podrá esperar.

Oración: Señor, ya no puedo caminar más tiempo solo. Ya he saturado mi soledad con tantas cosas y tantas viejas costumbres, que el camino se me ha hecho pesado y sin brillo. Ayúdame a descubrir que tú has sido el mejor compañero de camino, a pesar de haberte ignorado con tantas distracciones vanas.

Pregúntate: ¿Puedo distinguir entre mis antojos y mis verdaderas necesidades?

MARTES

Nm 21:4-9
Sal 101
Jn 8:21-30

"Hazte una serpiente abrasadora y ponla sobre un mástil. Todo el que haya sido mordido y la mire, vivirá."

Nm 21:8

Reflexión: Cuando perdemos de vista todas las manifestaciones del amor de Dios que nos circundan constantemente, terminamos dejándonos morder por nuestro pesimismo. Ignoramos nuestra responsabilidad e ingresamos al juego de las culpas. Hemos permitido que ese veneno contamine nuestra esperanza y deteriore nuestra perspectiva de la vida y de nuestra propia historia. Corremos el riesgo de enfermarnos de indiferencia y amargura. Basta con que levantemos la mirada hacia la cruz y dejemos que nuestra vista y nuestro corazón sean curados. No en balde esta serpiente de bronce, levantada por Moisés en medio del desierto, se ha vuelto el símbolo de los profesionales de la salud.

Propósito: Cada vez que me aceche la tentación del desánimo o la angustia, levantaré la mirada hacia Jesús, colgado del madero. Le permitiré que me ayude a mirar mi tragedia de otra manera.

Oración: Señor, hace tanto tiempo que he mantenido mis ojos clavados en la tierra como haciendo inventario de tantas serpientes que me seducen y me arrebatan trozos preciosos de mi vida. Cura mi mirada, ayúdame a sospechar que la vida no se arrastra, que lo cotidiano cobra un sentido distinto cuando se percibe desde donde tú te encuentras. No puede existir otro ángulo mejor.

Pregúntate: En la interacción con otros, ¿me doy cuenta de que tengo el mismo poder para enfermar que para curar?

MIÉRCOLES

Dn 3:14-20.91-92.95
Sal de Dn 3:52-56
Jn 8:31-42

"Si se mantienen en mi palabra, serán verdaderamente mis discípulos, y conocerán la verdad y la verdad les hará libres."

JN 8:31

Reflexión: Por cualquier ángulo que lo veamos, la palabra de Jesús será en términos de amor y solo el que ama la podrá entender. Cualquiera de nosotros que haya decidido dar el paso cualitativo del egoísmo al amor, estará incursionando en lo que es verdadero. El amor no tiene nada que ocultar. Lejos de mentir, el amor es una explosión en el interior de la persona, que no puede contenerse y tendrá que expresarse, revelarse y todo lo que toque y a todo aquel a quien afecte, le contagiará el placer de recuperar la verdadera identidad. Podremos entonces hablar del placer de la verdad. La mentira no tendrá espacio en nuestro gozo de mantenernos vivos, plenamente vivos.

Propósito: En cada mensaje que pretenda enviar, me iré directamente al punto, con amabilidad y con claridad.

Oración: Señor, cuánto esfuerzo inútil para cubrir una mentira con otra mentira. Ayúdame a disfrutar el gozo de lo simple, de lo veraz, de lo que realmente importa. Amén

Pregúntate: ¿Qué es más gratificante, una imagen de mí mismo hecha para agradar a los demás o compartir con los demás quien soy yo verdaderamente?

JUEVES

Gn 17:3-9
Sal 104
Jn 8:51-59

"En verdad, en verdad les digo: si alguno guarda mi palabra, no verá la muerte jamás."

JN 8:51

Reflexión: La vida y la muerte siempre han sido un misterio para los seres humanos. Culturalmente, la incertidumbre de ambas realidades ha generado en la humanidad respeto y temor. Ahora, los que seguimos a Jesús, podemos decidir si estas realidades las vivimos gobernados por el miedo o por la fe. Cuando nuestro punto de referencia deje de ser lo que esta sociedad materialista nos ha impuesto, descubriremos que la vida y la muerte no están limitadas a lo que esta sociedad nos ofrece. Ya no importa cuánto ni cuándo. La capacidad de amar, como ama Jesús, nos habilitará para dejar una huella en la historia y los demás nos recordarán, incluso después de que hayamos partido a la casa del Padre.

Propósito: Me enfocaré en vivir cada momento de mi jornada con alegría y amabilidad.

Oración: Señor, qué torpes hemos sido los seres humanos. Qué fácilmente nos seguimos distrayendo tratando de adivinar cuánto tiempo viviremos. Concédeme la gracia de vivir cada segundo, descubriendo tu cariño en cada detalle de mi entorno, como la mejor prenda de tu amor paterno. Amén.

Pregúntate: ¿Qué importa más: cuánto tiempo viviré o cómo vivo?

VIERNES

Jr 20:10-13
Sal 17
Jn 10:31-42

"Desde su templo escuchó mi voz, resonó mi socorro en sus oídos."

SAL. 18:7

Reflexión: Seguramente a Dios no le interesan nuestros ruidos. Ciertamente, cuando el grito proviene desde nuestras entrañas, esta expresión de nuestro verdadero yo sí que llega hasta sus oídos. Dios, en su Hijo Jesús, sabe decodificar perfectamente esta expresión del corazón angustiado. La única forma de enterarnos de que Dios nos ha escuchado es cuando, en medio de nuestro dolor, abrimos un poco de espacio para que él nos deje sentir el calor de su presencia. Es probable que también nuestros oídos perciban el susurro de su ternura paterna que entiende perfectamente los balbuceos de nuestro corazón.

Propósito: En mi jornada diaria, abriré un espacio para que el silencio permita que lo que guardo en mi corazón pueda llegar a los oídos de Dios.

Oración: Señor, es cierto que te he pedido muchas trivialidades, pero también necesito que mis lágrimas calladas puedan tejer la mejor plegaria para tus oídos y sobre todo para tu corazón de Padre. Amén.

Pregúntate: ¿Qué tipo de oración puede llegar realmente a los oídos de Dios?

SÁBADO

Ez 37:21-28
Salmo tomado de Jr 31:10-13
Jn 11:45-57

"Muchos de los judíos que habían venido a casa de María, viendo lo que había hecho, creyeron en él."

JN 11:45

Reflexión: La fe no tiene que ver necesariamente con la curiosidad. Resulta muy cuestionable la fe de alguien que cree porque lo ha comprobado con evidencias, tales como ver a Lázaro que, después de muerto, ahora respira fuera del sepulcro. La fe real es una forma única de percibir una dimensión que está más allá de los sentidos corporales. La fe es una forma extraordinaria de conocimiento que nos mueve a apostar con las mejores cartas de nuestra vida por aquello que físicamente no vemos, pero que tenemos la certeza de que existe y que además le da un sentido extraordinario a nuestra vida diaria.

Propósito: Hoy tomaré el riesgo de vivir responsablemente mi día confiando en la providencia de Dios.

Oración: Señor, qué limitadas son mis capacidades y poderes personales. Qué mezquinos mis cálculos, mis básculas y mis calendarios. Concédeme el don de abandonar mis miedos, de ser más osado y de dejar que tu providencia generosa sea la que me entusiasme en mis labores cotidianas.

Pregúntate: ¿Creo sin miedos o sobrevivo atorado en una fe condicionada?

DOMINGO DE RAMOS

Is 50:4-7; Sal 21; Flp 2:6-11;
A Mt 26:14-27:66
B Mc 15:1-39
Lc 22:14-23:56

"El cual, siendo de condición divina, no codició el ser igual a Dios sino que se despojó de sí mismo tomando condición de esclavo."

FLP 2:6-7

Reflexión: Es interesante cómo los seres humanos tratamos de parecernos a Dios, y Dios decide hacerse uno como nosotros, más aún, toma el lugar de un sirviente, de un esclavo. La expresión más cristalina del amor compasivo de Dios por nosotros es la vulnerabilidad y la desnudez en la que Jesús nace y muere. La más genuina libertad se encuentra muy lejos de los títulos y las reverencias de una sociedad que se pierde en los aplausos e ignora el placer de ejercer el verdadero poder y la más pura libertad: poner nuestros mejores talentos al servicio de los demás.

Propósito: Haré amablemente un favor, con honestidad y discreción, a quien más lo necesite.

Oración: Señor, ya basta de tanta competencia inútil que solo ha puesto en evidencia mi insaciable ansiedad de obtener siempre los mejores puestos, el primer lugar, la mayor cantidad de dinero, a cambio de mi paz interior y de mi calidad de vida que cada día se deteriora más. Aún hay tantos pies qué lavar. Amén.

Pregúntate: ¿Por qué Jesús ha cambiado los privilegios divinos por una cruz ensangrentada?

LUNES SANTO

Is 42:1-7
Sal 26
Jn 12:1-11

"Entonces María, tomando una libra de perfume de nardo puro, muy caro, ungió los pies de Jesús y los secó con sus cabellos. Y la casa se llenó con el olor del perfume

JN 12:3

Reflexión: El amor posee su propia "inteligencia" porque es capaz de elevar la calidad de una relación humana. La imagen que podemos conseguir de nosotros mismos depende de la calidad de nuestra interacción con los otros y con lo otro, es decir, con las cosas y es ahí donde entra la bondad. Lo hermoso es, como en el caso de María, que al expresar su amor dándose a sí misma, "llena la casa con el olor de su perfume". También el amor de Dios penetra en nosotros por los sentidos y lo podemos expresar y transmitir admirablemente a los demás de forma sensible.

Propósito: Me aseguraré de que las obras buenas de este día despidan su fragancia gracias a la bondad con que las haga.

Oración: Ya voy entendiendo Señor que las palabras desconectadas de mí mismo te tienen sin cuidado. Concédeme el don de alabarte con mis manos, mis cabellos, mis rodillas, mi llanto, mi confusión, mi sorpresa, aunque a veces el aroma que despida no sea tan bello como el de los nardos.

Pregúntate: ¿Qué le presento al Señor en mi oración? ¿Palabras ajenas o mi corazón?

MARTES SANTO

Is 49:1-6
Sal 70
Jn 13, 21-33.36-38

"Pues yo decía: 'Por poco me he fatigado, en vano e inútilmente mi vigor he gastado. ¿De veras que Yahvé se ocupa de mi causa, y mi Dios de mi trabajo? (...) Mas yo era glorificado a los ojos de Yahvé, mi Dios era mi fuerza."

Is 49:4-5

Reflexión: Cualquiera de nosotros está expuesto, tanto a los espejismos de esta sociedad de consumo como a sus tiranas exigencias. Cuando nos damos cuenta, nos hemos alejado de lo que es esencial en nuestra vida y hemos corrido detrás de cosas u organizaciones de las que esperamos una importante recompensa. Esta semana santa es una oportunidad providencial para redescubrir que posiblemente depositamos nuestros esfuerzos en el lugar equivocado, haciendo nuestra fatiga inútil. El día de hoy Isaías nos recuerda que hemos sido importantes para Alguien más, para Alguien que ha pronunciado nuestro nombre como un gesto de amor infinito. El profeta nos recuerda que las manos del Señor son el lugar más seguro para encontrar sentido a nuestras prisas y esfuerzos. Esto es lo único que le dará sentido a nuestro cansancio.

Propósito: Hoy analizaré sin prisas a quién le estoy dedicando la mayor cantidad de mi tiempo y de mi dinero.

Oración: Señor, qué pesado ha sido tomar tu lugar y creer que soy Dios o que alguien fuera de ti lo ha sido. Hoy me rindo y de rodillas te pido perdón. Es tan consoladora la sola noción de volver a escuchar mi nombre en tus labios y volver a sentir tu mano sobre mi hombro. ¡Gracias infinitas, Padre!

Pregúntate: Cuando pretendes hacer las cosas pensando solamente en ti y en tus recursos, ¿te satisfacen los resultados realmente?

MIÉRCOLES SANTO

Is 50, 4-9
Sal 68
Mt 26, 14-25

"Cerca está el que me justifica: ¿quién disputará conmigo? Presentémonos juntos: ¿quién es mi demandante?, ¡que se llegue a mí! He aquí que el Señor Yahvé me ayuda: ¿quién me condenará?."

Is 50:8-9

Reflexión: Todos los seres humanos, de alguna manera o de otra, hemos aprendido el juego donde el más fuerte o el más hábil es el que "gana". Si no salimos del esquema ganadores-perdedores va a costarnos mucho trabajo vivir la vida diaria con reglas y puntos de referencia que se encuentren en otra dimensión. Atrevámonos a romper nuestro pequeño y mezquino círculo para descubrir una perspectiva radicalmente distinta, profundamente humana y divina. Jesús nos invita a superar nuestras viejas cegueras y a descubrir que es él quien vive dentro de nosotros y espera a que su palabra y su mirada se asome por nuestra boca y por nuestros ojos. El sentido de la presencia de Dios, dentro y fuera de nosotros como expresión genuina de su amor, es lo que realmente nos hace fuertes. Todos estamos llamados a ser ganadores.

Propósito: Cuidaré responsablemente mi cuerpo, porque es la casa que Dios ha elegido para habitar.

Oración: Señor, líbrame de tantos juegos sociales que me orillan a poner disfraces a mi inseguridad. Concédeme el gozo de experimentar tu presencia dentro y fuera de mí. Que pueda compartirte con cualquiera que se haya sentido desplazado. Amén.

Pregúntate: ¿Qué es lo que en mi jornada diaria me hace sentir fuerte y sereno?

JUEVES SANTO

Éx 12:1-8.11-14
Sal 115
1 Cor 11:23-26
Jn 13:34

"Sabiendo que el Padre le había puesto todo en sus manos y que había salido de Dios y a Dios volvía, se levanta de la mesa, se quita sus vestidos y, tomando una toalla, se la ciñó. Luego echó agua en un platón y se puso a lavar los pies de los discípulos"

JN 13:3-4

Reflexión: El Padre ha puesto en las manos de Jesús todas las cosas. Y lo que hoy descubrimos en las manos de Jesús es una jarra con agua y una toalla. Son los instrumentos más poderosos…, aunque ahora nos cueste trabajo entenderlo a los que nos consideramos más civilizados. Es a través de esta tarea de esclavos, que asume Jesús, como él les comunica el poder a sus discípulos. Es fascinante constatar que el poder lo reciben los seguidores de Jesús a través de los pies. Y el cetro del poder seguirá siendo una jarra y una toalla. El orden sacerdotal es lo mismo, un poderoso ministerio de servicio, mientras no se aleje del mandato central que es el amor.

Propósito: A partir de hoy, ejerceré el verdadero poder del amor buscando la sencillez en mi hablar y en el servir.

Oración: No cabe duda, Señor, que me sigues sorprendiendo. Jamás hubiera imaginado experimentar la fuerza de tu amor, al contacto del agua y tu ternura, acariciando mi piel, para doblegar mi soberbia y tocar tu poder…, empezando por los pies. Amén.

Pregúntate: ¿No será que debajo de tanta soberbia hay un deseo insaciable de aplausos?

VIERNES SANTO

Is 52:13-53
Sal 30
Heb 4:14-16; 5:7-9
Flp 2:8-9
Jn 18:1-19, 42

"Salió entonces Jesús fuera llevando la corona de espinas y el manto de púrpura. Les dice Pilato: 'Aquí tienen al hombre'"

Jn 19:5

Reflexión: Ante los judíos, sale Jesús con la corona de espinas. Parece que ya no existe dolor humano que no esté presente en Jesús. No hay sufrimiento humano alguno que le sea ajeno. Así aparece Dios revestido con nuestra miseria y nuestro dolor. Jamás podremos experimentar una cercanía tan profunda con nuestra naturaleza humana donde el sufrimiento, producto de un amor "escandaloso", genera libertad. El sufrimiento de Cristo nos arranca de una esclavitud que nos había tenido arrastrándonos buscándole salida al dolor, huyendo de la muerte. No hay poder más convincente que el rostro ensangrentado de Jesús gritándonos en silencio lo mucho que nos ama. Helo ahí, roto, de pie, arrancándole a la muerte todo poder, para que podamos vivir tú y yo, de pie y amados, dispuestos a dar incluso la vida porque la muerte del Amado nos habrá de volver a la vida.

Propósito: Cada vez que me encuentre dolido o frustrado, levantaré la mirada a la cruz para que me ayude a refrescar mi memoria.

Oración: Señor, no es fácil verte ensangrentado y menos aún aceptar que el dolor también ha llamado a mi puerta. Permite que yo también pueda transformar mi sufrimiento en una luz que dé sentido a mi vida. Amén.

Pregúntate: ¿Será que al toparme con la cruz de Jesús podré yo redescubrir el sentido del dolor, como los valientes guerreros?

SÁBADO SANTO

Gn 1, 1-31;2, 1-2.
Sal 103, 1-2a. 5-6. 10 y 12. 13-14. 24 y 35a
Sal 32, 4-5. 6-7. 12-13. 20 y 22
Gn 22, 1-18.
Sal 15, 5 y 8. 9-10. 11
Ex 14, 15-15, 1.
Ex 15, 1-2. 3-4. 5-6. 17-18
Is 54, 5-14.
Sal 29, 2 y 4. 5-6. 11 y 12a y 13b

Is 55, 1-11
Is 12, 2-3. 4bcd. 5-6
Bar 3, 9-15. 32-4, 4
Sal 18, 8. 9. 10. 11
Ez 36, 16-28.
Sal 41, 3. 5bcd;42, 3. 4
Sal 50, 12-13. 14-15. 18-19
Rom 6, 3-11
Sal 117, 1-2. 16ab-17. 22-23
Mc 16, 1-7

"Dijo Dios: 'Haya luz' y hubo luz. Vio Dios que la luz estaba bien..."

Gn 1, 3-4

Reflexión: La luz no sabe más que darse. No hay egoísmo en ella. Su vocación es propagarse. No hace distinciones entre quiénes merecen recibirla y quiénes no. Está presente en todo. Cuando no la vemos se debe simplemente a que hemos sido incapaces de verla. En cierto sentido podemos decir que así es Dios. En efecto, la luz es una bella comparación de lo que Dios representa para nosotros. Jesús mismo descubrió esa belleza cuando se refería al sol que sale para todos, para buenos y para malos (Mt 5:45). El reto de nuestras vidas consiste en acercarnos tanto a la luz que finalmente lleguemos a asemejarnos a ella, e incluso nos convirtamos en ella. Jesús es la Luz. Nosotros mismos somos luz, tal como lo dice el Evangelio (Mt 5:14). Con estas consideraciones presentes, estamos en condiciones de valorar todo el simbolismo que contiene la ceremonia del Sábado Santo. Parte del Rito Pascual tiene como propósito precisamente que los sentidos hagan la experiencia de esa luz cuya imagen se graba en la memoria. Jesús es la luz eterna del Padre. Que la impresión del fuego poderoso penetrando en la oscuridad de la noche te lo recuerde siempre.

Oración: Dios Padre Omnipotente, Luz eternamente generosa, gracias por crearme a tu imagen y semejanza. Gracias por habitar en mí y por mantenerme en el ser. Dame más de lo que me ayuda a ver tu luz y a ser tu luz. Lo demás… no lo necesito.

Propósito: El día de hoy repasaré en mi mente los momentos difíciles de mi vida, recordaré a quienes me han lastimado, las áreas "no tan bellas" de mi vida y haré el esfuerzo de visualizar la luz que habita en ellos, al Dios oculto en ellos para finalmente agradecer las lecciones que me dieron.

Pregúntate: Cuando pido algo a Dios (e incluso a los hombres), ¿lo hago después de haber valorado y agradecido lo que tengo?, ¿pido a Dios (y a los demás) como si no tuviera nada?

DOMINGO DE RESURRECCIÓN

Hch 10:34a, 37-43
Sal 118:1-2, 16-17, 22-23
Col 3:1-4/ 1 Cor 5: 6b-8
Jn 20: 1-9

"Entonces entró también el otro discípulo, el que había llegado el primero al sepulcro; vio y creyó, pues hasta entonces no habían comprendido que según la Escritura Jesús debía resucitar de entre los muertos".

Jn 20:8-9

Reflexión: La experiencia de la resurrección de Jesús nos despierta y nos deja claro que creer en Dios implica abandonar nuestros prejuicios, opiniones personales, creencias obsoletas y abrir las puertas de nuestro asombro para permitir que él nos revele su voluntad, una voluntad siempre sorprendente. ¿Cómo iba a imaginar el pueblo de Israel que el Mesías nos iluminaría el corazón y el entendimiento así, con un sepulcro vacío? Esto parece simple, pero es estremecedor: la misma muerte fue vencida. ¿Cómo seguir creyendo sin atrevernos a salir de nuestros propios sepulcros, donde nuestras ideas fijas, prejuicios, resentimientos "ya huelen mal"? Jesús nos reta tierna, pero enérgicamente, a salir y estrenar una vida nueva, donde él se nos vuelva a mostrar de la manera que menos sospechamos, como aquella mañana en que volvimos a estrenar la creación.

Proopósito: Haré un esfuerzo para despedirme de mis peores resentimientos.

Oración: Señor, ábreme los ojos y el corazón para descubrirte fuera: en nuestras calles, en nuestras plazas, en nuestras casas, jamás encerrado, jamás lejano. Que te vea vivo e invitándonos a volver a empezar. Amén.

Pregúntate: ¿Vale la pena seguir encerrado en la amargura apuntando a la culpa de los demás?

Biografía

El P. J. Eduardo González es originario del estado de Puebla, México y fue ordenado sacerdote el 28 de marzo de 1981 en la Basílica de Nuestra Señora de Guadalupe en la Ciudad de México. Ha dedicado su vida a los ministerios educativo-pastorales como director de escuelas católicas en México. Colaboró en la formación permanente de los sacerdotes y religiosos de las dos provincias de la congregación salesiana en México. Por 8 años fue el presentador de los programas de radio,: "Sintonía","El oficio de vivir", y "Aprendiendo a vivir", en las estaciones KRVA, KESS, KINF de AM en la el área de Dallas-Fort Worth.

Otros títulos del P. J. Eduardo González

disponibles a partir de enero del 2016

Tiempo para Dios
Meditaciones para el tiempo de Pascua
Es necesario emplear a fondo todas nuestras facultades, pero especialmente la imaginación para lograr experimentar, aunque solo sea un poco el gozo y la emoción que debieron haber envuelto a la resurrección de Jesus. Y será también gracias a la imaginación que encontraremos la manera adecuada de entender lo que significa ser cristiano hoy y cómo llevarlo a la práctica

160-páginas cubierta rústica – 4⅛ x 7
9780764-823909 **$7.99**

Tiempo para Dios
Meditaciones para el tiempo de Adviento y Navidad
En el Adviento y en la Navidad nos ponemos en contacto con Jesús de Nazaret, quien supo de movimiento y de caminos aun desde antes de nacer. Lo vemos en el seno de su madre rumbo hacia Belén, luego, como bebé, huyendo a Egipto. Estas páginas son una fraterna invitación a dejar que el Señor del tiempo toque nuestra jornada diaria, ponga su mano en nuestra historia, para que entonces, nuestro tiempo sea divino y humano. Se convierta en... tiempo para Dios.

128-páginas cubierta rústica – 4⅛ x 7
9780764-823862 **$7.99**

www.ingramcontent.com/pod-product-compliance
Lightning Source LLC
LaVergne TN
LVHW010301260326
834688LV00044B/1405